Impressum
Verlag: BABADADA GmbH, Nedderfeld 112 , 22529 Hamburg
Geschäftsführer / Verlagsleitung: Harald Hof
Druck: Books on Demand GmbH, In de Tarpen 42, 22848 Norderstedt

Imprint
Publisher: BABADADA GmbH, Nedderfeld 112 , 22529 Hamburg, Germany
Managing Director / Publishing direction: Harald Hof
Print: Books on Demand GmbH, In de Tarpen 42, 22848 Norderstedt

sekolah

colegio

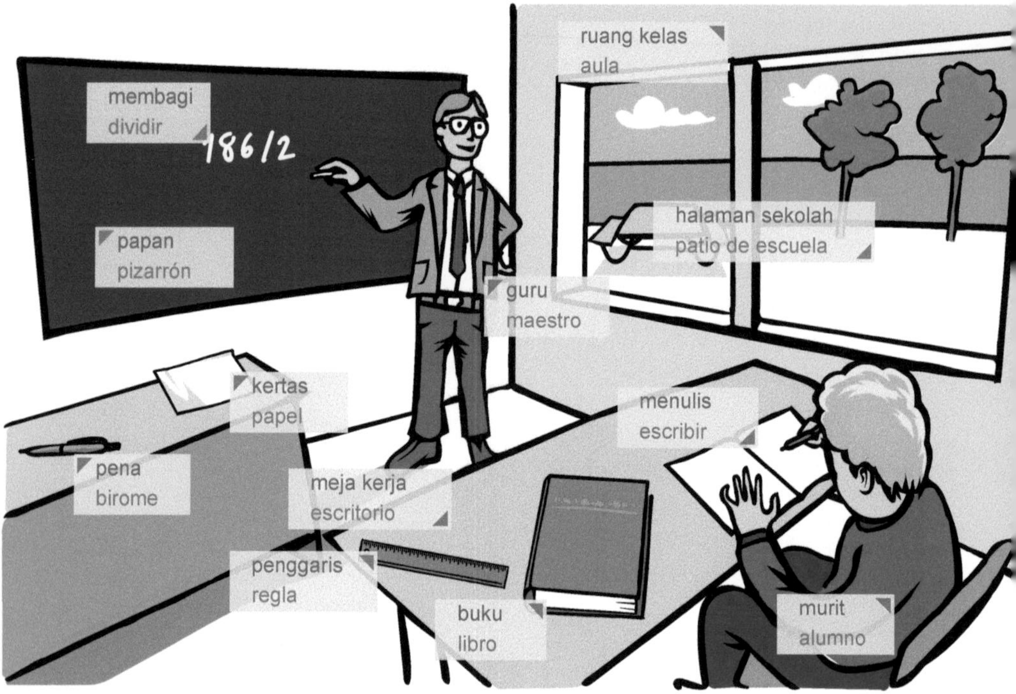

ruang kelas
aula
membagi
dividir
186/2
papan
pizarrón
halaman sekolah
patio de escuela
guru
maestro
kertas
papel
menulis
escribir
pena
birome
meja kerja
escritorio
penggaris
regla
buku
libro
murit
alumno

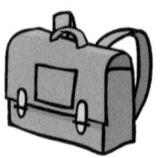

tas sekolah

mochila

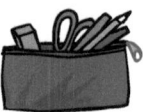

tempat pensil

caja de lápices

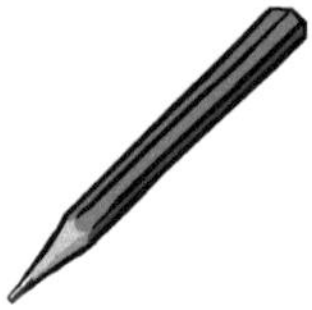

pensil

lápiz

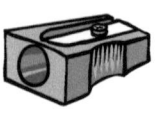

pengasah pensil

sacapuntas

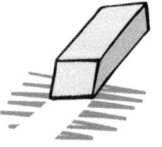

penghapus

goma (de borrar)

kertas gambar

bloc de dibujo

gambar

dibujo

kuas

pincel

kotak cat

caja de pinturas

gunting

tijera

lem

pegamento

buku latihan

cuaderno de ejercicios

pekerjaan rumah

tarea

angka

número

tambhakan

sumar

mengurangi

restar

mengalikan

multiplicar

menghitung

calcular

huruf

letra

alfabet

abecedario

kata

palabra

teks

texto

membaca

leer

kapur

tiza

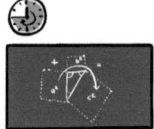

pelajaran

lección

daftar

cuaderno de clase

ujian

examen

sertifikat

certificado

seragam sekolah

uniforme escolar

pendidikan

educación

ensiklopedi

enciclopedia

universitas

universidad

mikroskop

microscopio

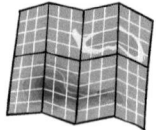

peta

mapa

tempat sampah

tacho (de basura)

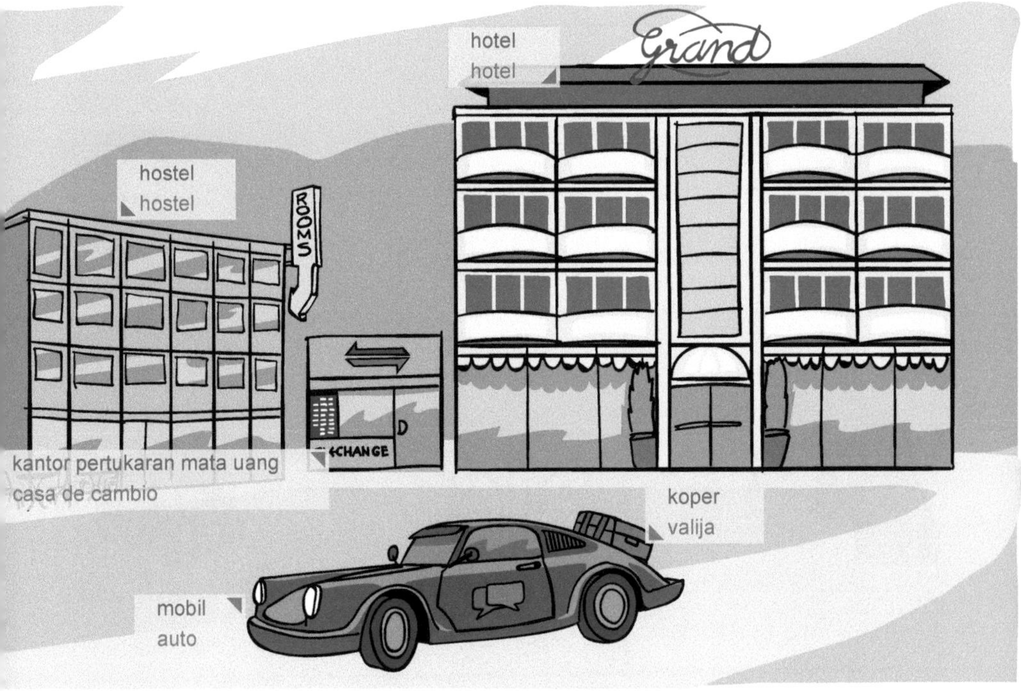

hotel
hotel
Grand
hostel
hostel
ROOMS
kantor pertukaran mata uang
casa de cambio
EXCHANGE
koper
valija
mobil
auto

bahasa

idioma

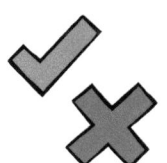

ya / tidak

sí / no

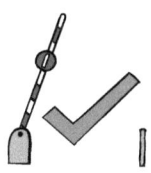

okay

Está bien

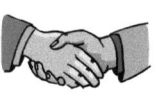

hallo

hola

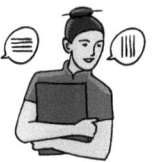

penerjemah

traductor

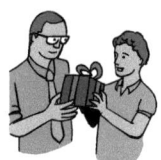

terima kasih

Gracias

Berapa harganya...?

¿cuánto cuesta...?

saya tidak mengerti

No entiendo

masalah

problema

Selamat malam!

¡Buenas tardes!

Selamat siang!

¡Buenos días!

Selamat tidur!

¡Buenas noches!

sampai jumpa

adiós

arah

dirección

bagasi

equipaje

tas

bolso

ransel

mochila

tamu

invitado

ruang

habitación

kantong tidur

bolsa de dormir

tenda

carpa

informasi wisata

información turística

pantai

playa

kartu kredit

tarjeta de crédito

sarapan

desayuno

makan siang

almuerzo

makan malam

cena

tiket

pasaje

elevator

ascensor

perangko

sello

perbatasan

frontera

cukai

aduana

kedutaan

embajada

visa

visa

paspor

pasaporte

transportasi

transporte

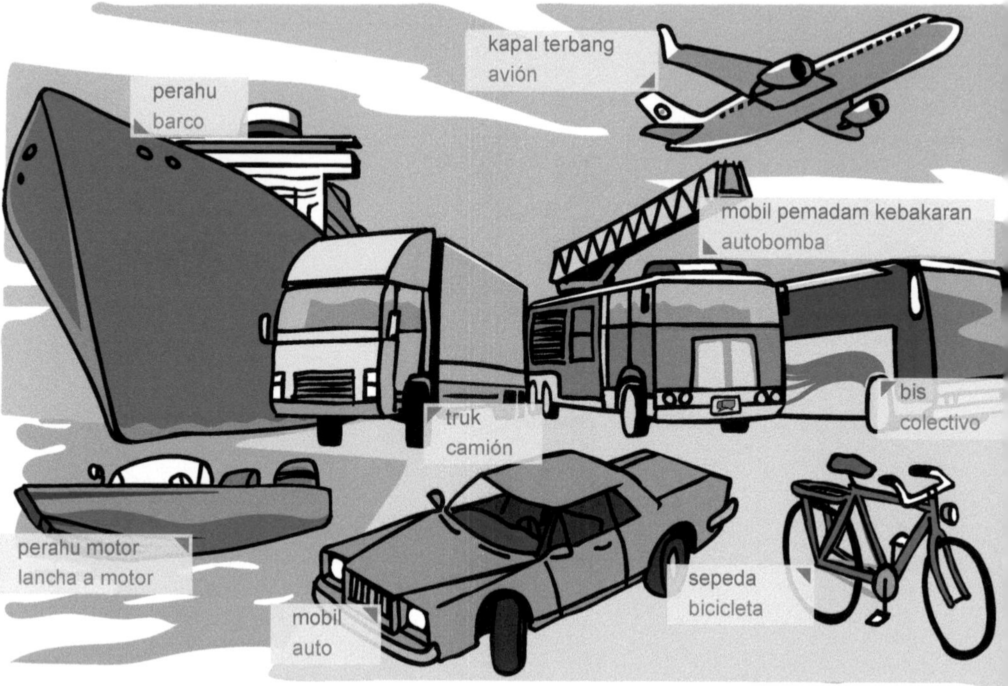

kapal terbang
avión
perahu
barco
mobil pemadam kebakaran
autobomba
bis
colectivo
truk
camión
perahu motor
lancha a motor
sepeda
bicicleta
mobil
auto

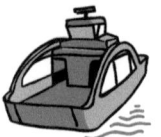

feri

ferry

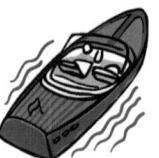

perahu

bote

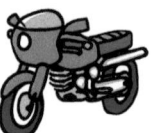

sepeda motor

moto

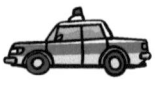

mobil polisi

patrullero

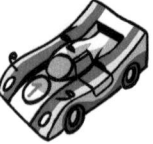

mobil balapan

auto de carreras

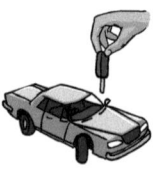

mobil sewa

auto de alquiler

berbagi mobil

alquiler de autos

truk derek

grúa

truk sampah

camión de basura

motor

motor

bahan bakar

nafta

bensin

estación de servicio

tanda lalulintas

señal de tránsito

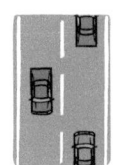

lalulintas

tránsito

macet

embotellamiento

parkir mobil

estacionamiento

stasiun kereta

estación de tren

trek

vías

kereta api

tren

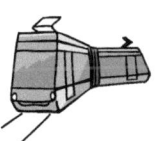

tram

tranvía

gerobak

vagón

helikopter

helicóptero

bandara

aeropuerto

menara

torre

penumpang

pasajero

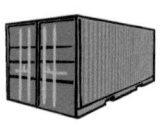

container

contenedor

karton

caja de cartón

troli

carretilla

keranjang

canasta

berangkat / mendarat

despegar / aterrizar

kota
ciudad

desa

pueblo

pusat kota

centro de ciudad

rumah

casa

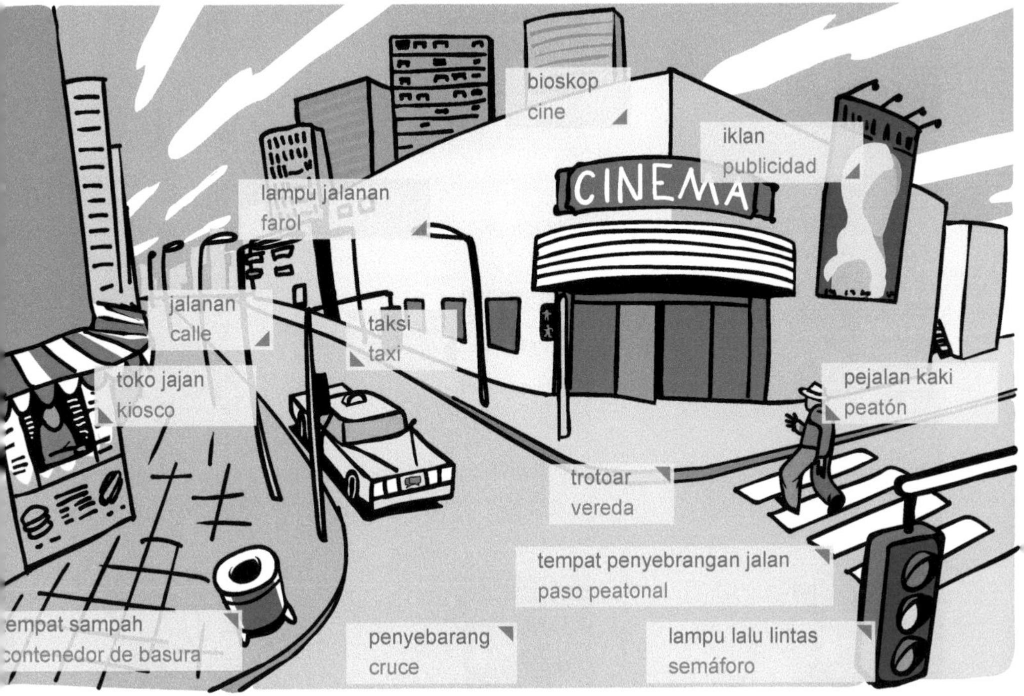

bioskop
cine

iklan
publicidad

lampu jalanan
farol

jalanan
calle

taksi
taxi

toko jajan
kiosco

pejalan kaki
peatón

trotoar
vereda

tempat penyebrangan jalan
paso peatonal

tempat sampah
contenedor de basura

penyebarang
cruce

lampu lalu lintas
semáforo

gubuk
cabaña

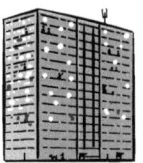

rumah flat
departamento

stasiun kereta
estación de tren

balai kota
municipalidad

museum
museo

sekolah
colegio

universitas

universidad

bank

banco

rumah sakit

hospital

hotel

hotel

farmasi

farmacia

kantor

oficina

toko buku

librería

toko

negocio

toko bunga

florería

supermarket

supermercado

pasar

mercado

toko serba ada

grandes tiendas

nelayan

pescadería

pusat belanja

centro comercial

pelabuhan

puerto

taman
parque

banku
banco

jembatan
puente

tangga
escaleras

kereta bawah tanah
subte

terowongan
túnel

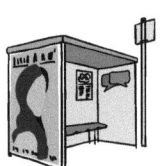

pemberhantian bis
parada del colectivo

bar
bar

restauran
restaurante

kotak surat
buzón

tanda jalan
letrero

meteran parkir
parquímetro

kebun binatang
zoológico

kolam renang
pileta

mesjid
mezquita

pertanian
....
granja

polusi
....
contaminación

kuburan
....
cementerio

gereja
....
iglesia

tempat bermain
....
juegos infantiles

pura
....
templo

pemandangan
paisaje

daun
hoja

penunjuk arah
poste indicador

jalanan
camino

padang rumput
pradera

batu
piedra

pejalak kaki
excursionista

pohon
árbol

sungai
río

rumput
hierba

bunga
flor

lembah
valle

bukit
montaña

danau
lago

hutan
bosque

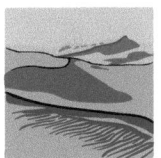

padang gurun
desierto

gunung berapi
volcán

istana
castillo

pelangi
arco iris

jamur
champiñón

pohon palem
palmera

nyamuk
mosquito

lalat
mosca

semut
hormiga

lebah
abeja

laba-laba
araña

kumbang

escarabajo

kodok

rana

tupai

ardilla

landak

erizo

kelinci

liebre

burung hantu

lechuza

burung

pájaro

angsa

cisne

babi jantan

jabalí

rusa

ciervo

rusa

alce

bendungan

presa

turbin angin

aerogenerador

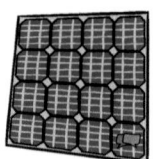

panel surya

panel solar

iklim

clima

restauran

restaurante

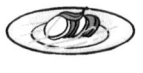

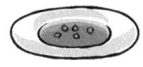

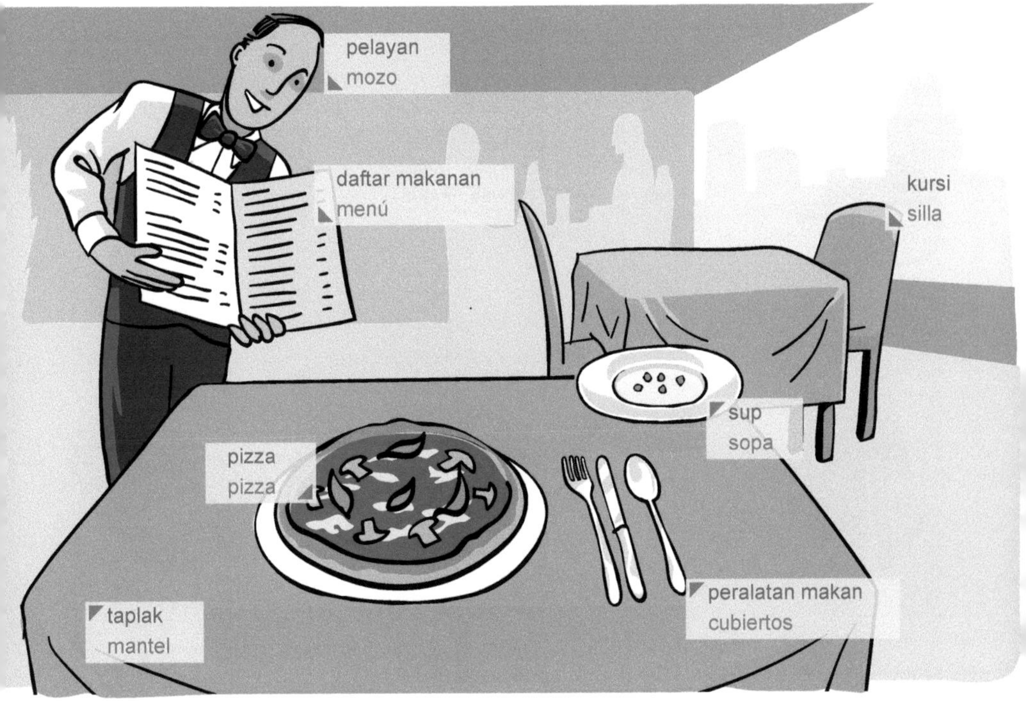

pelayan
mozo
daftar makanan
menú
kursi
silla
sup
sopa
pizza
pizza
peralatan makan
cubiertos
taplak
mantel

hindangan pembuka

entrada

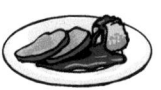

hidangan utama

plato principal

hidangan penutup

postre

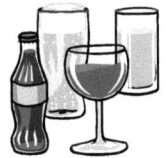

minuman

bebidas

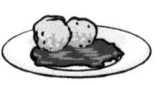

makanan

comida

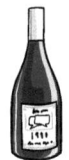

botol

botella

fastfood

comida rápida

masakan jalanan

comida callejera

teko teh

tetera

kaleng gula

azucarera

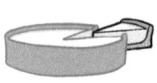

porsi

porción

mesin espresso

cafetera expreso

kursi tinggi

sillita alta

tagihan

cuenta

baki

bandeja

pisau

cuchillo

garpu

tenedor

sendok

cuchara

sendok teh

cucharita

serbet

servilleta

gelas

vaso

restauran - restaurante

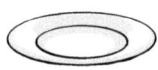

piring
plato

piring sup
plato hondo

lepek
plato

saus
salsa

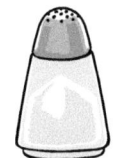

tempat garam
salero

gilingan merica
molinillo de pimienta

cuka
vinagre

minyak
aceite

bumbu
especias

saus tomat
kétchup

mustar
mostaza

mayones
mayonesa

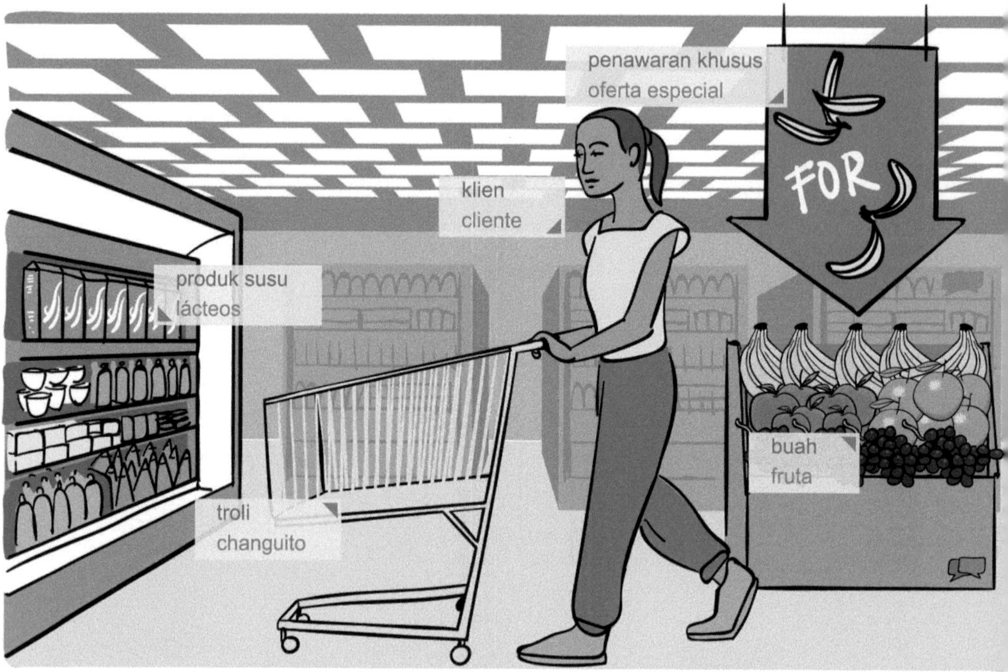

penawaran khusus
oferta especial

klien
cliente

produk susu
lácteos

buah
fruta

troli
changuito

pembantai	toko roti	menimbang
carnicería	panadería	pesar
	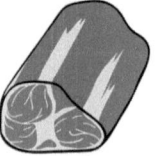	
sayur	daging	makanan beku
verduras	carne	alimentos congelados

pemotongan dingin

fiambres

makanan kaleng

alimentos enlatados

sabun serbuk

detergente en polvo

permen

golosinas

alat-alat rumah tangga

electrodomésticos

obat pembersihan

productos de limpieza

penjual

vendedora

kasa

caja

kasir

cajero

daftar belanja

lista de compras

jam buka

horario de atención

dompet

billetera

kartu kredit

tarjeta de crédito

tas

cartera

kantong plastik

bolsa de plástico

air

agua

jus

jugo

susu

leche

cola

bebida cola

anggur

vino

bir

cerveza

alkohol

alcohol

coklat

cacao

teh

té

kopi

café

espresso

café expreso

cappucino

cappuccino

pisang

banana

apel

manzana

jeruk

naranja

semangka

melón

jeruk lemon

limón

wortel

zanahoria

bawang putih

ajo

bambu

bambú

bawang bombai

cebolla

jamur

champiñón

kacang

nueces

mi

fideos

spagetti

tallarines

nasi

arroz

salat

ensalada

kentang goreng

papas fritas

kentang goreng

papas fritas

pizza

pizza

hamburger

hamburguesa

sandwich

sándwich

sayatan

churrasco

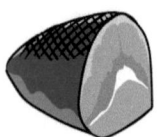

ham

jamón

salami

salame

sosis

salchicha

ayam

pollo

menggoreng

asado

ikan

pescado

bubur gandum

copos de avena

sereal

muesli

cornflakes

copos de maíz

tepung

harina

croissant

medialuna

roti

pancito

roti

pan

toast

tostada

biskuit

galletitas

mentega

manteca

dadih

cuajada

kue

torta

telur

huevo

telur goreng

huevo frito

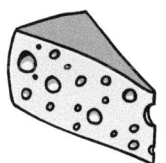

keju

queso

eskrim

helado

gula

azúcar

madu

miel

selai

mermelada

krim nugat

pasta de chocolate

kare

curry

makanan - comida

pertanian
granja

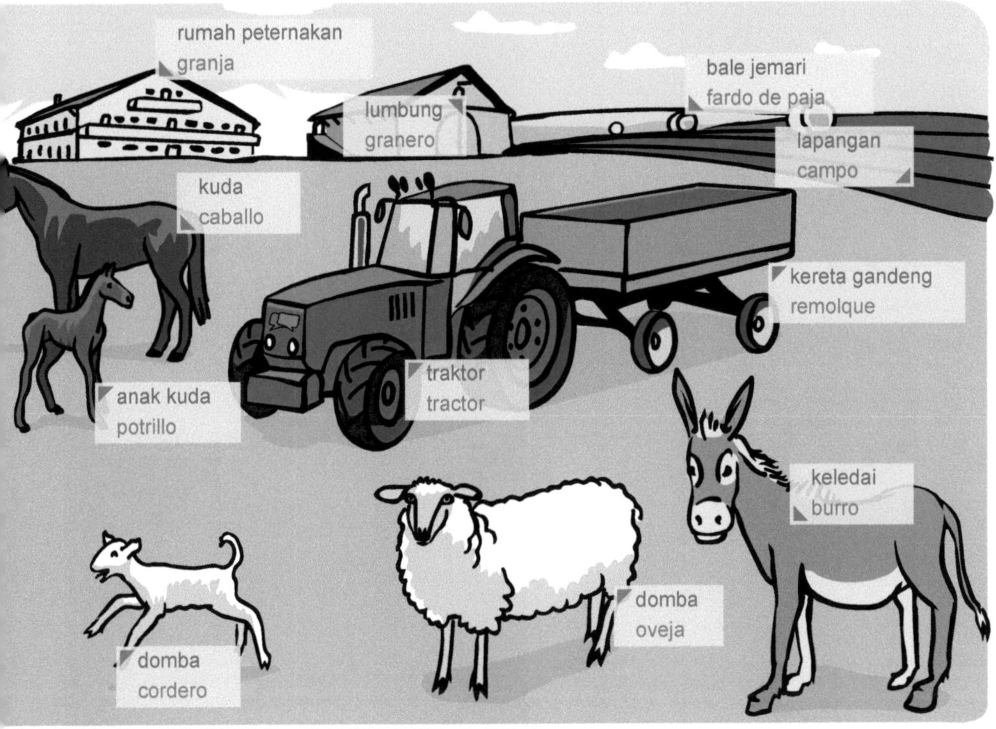
rumah peternakan
granja
lumbung
granero
bale jemari
fardo de paja
lapangan
campo
kuda
caballo
kereta gandeng
remolque
traktor
tractor
anak kuda
potrillo
keledai
burro
domba
oveja
domba
cordero

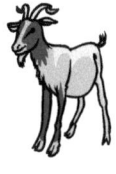

kambing
cabra

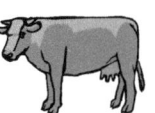

sapi
vaca

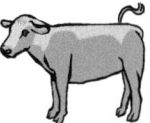

betis
ternero

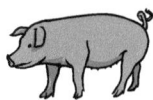

babi
cerdo

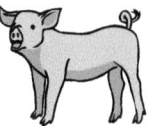

celeng
lechón

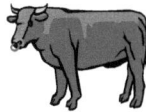

banteng
toro

angsa

ganso

bebek

pato

anak ayam

pollo

ayam

gallina

ayam jantan

gallo

tikus

rata

kucing

gato

tikus

ratón

lembu

buey

anjing

perro

rumah anjing

cucha

selang

manguera

penyiram

regadera

sabit

guadaña

bajak

arado

sabit

hoz

cangkul

azada

garpu rumput

horquilla

kapak

hacha

gerobak

carretilla

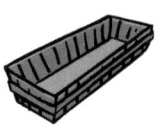

palung

abrevadero

kaleng susu

lechera

karung

bolsa

pagar

reja

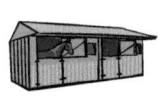

kandang

establo

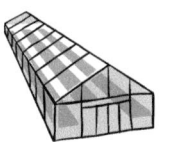

rumah kaca

invernadero

tanah

suelo

benih

semilla

pupuk

fertilizador

mesin pemanen

cosechadora

panen
cosechar

panen
cosecha

yams
batatas

gandum
trigo

kedelai
soja

kentang
papa

jagung
maíz

lobak
semilla de colza

pohon buah
árbol frutal

singkong
mandioca

sereal
cereales

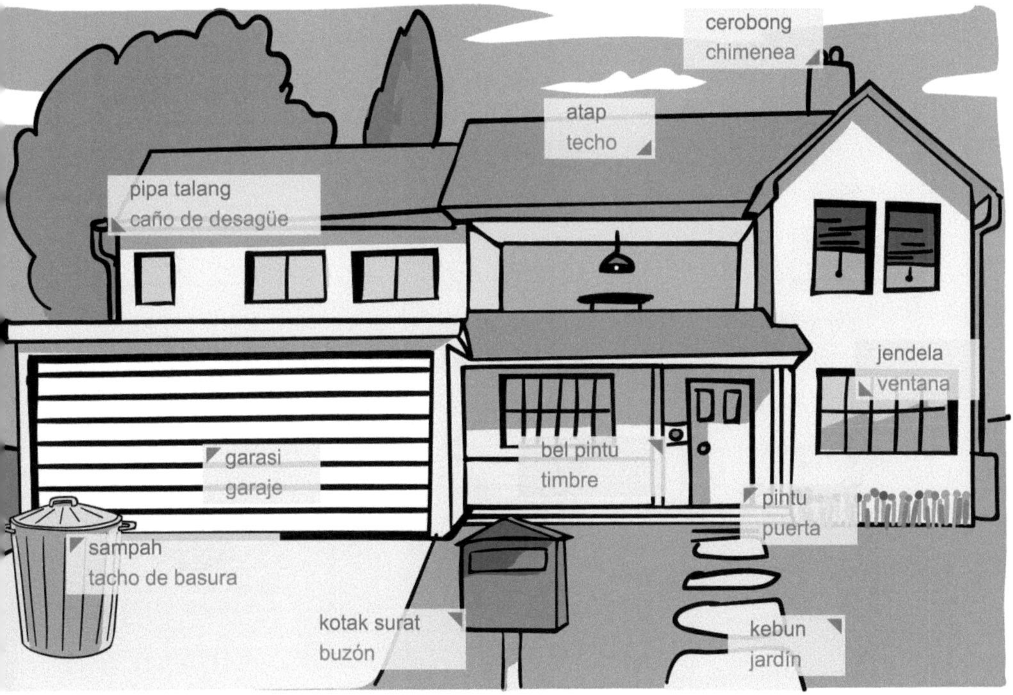

cerobong
chimenea

atap
techo

pipa talang
caño de desagüe

jendela
ventana

garasi
garaje

bel pintu
timbre

pintu
puerta

sampah
tacho de basura

kotak surat
buzón

kebun
jardín

ruang tamu
living

kamar mandi
baño

dapur
cocina

kamar tidur
dormitorio

kamar anak
cuarto de los chicos

kamar makan
comedor

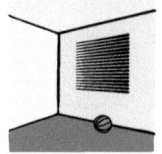

lantai

piso

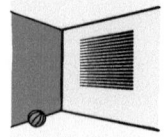

tembok

pared

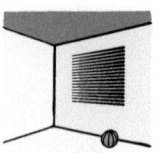

atap

cielorraso

gudang di bawah tanah

sótano

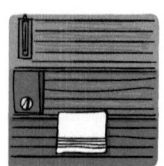

sauna

sauna

balkon

balcón

teras

terraza

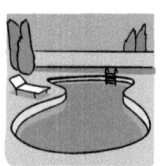

kolam renang

pileta

mesin pemotong rumput

cortadora de pasto

sprei

sábana

selimut

acolchado

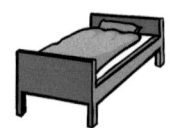

tempat tidur

cama

sapu

escoba

ember

balde

tombol

interruptor

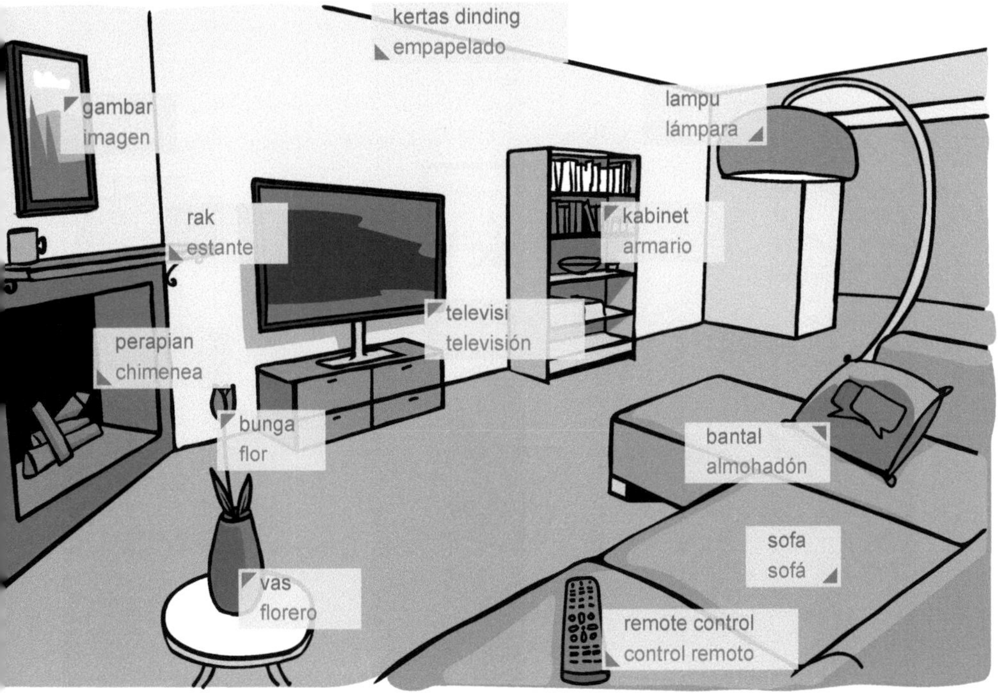

kertas dinding
empapelado

gambar
imagen

lampu
lámpara

rak
estante

kabinet
armario

televisi
televisión

perapian
chimenea

bunga
flor

bantal
almohadón

sofa
sofá

vas
florero

remote control
control remoto

karpet
alfombra

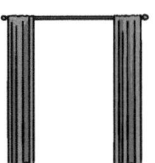

korden
cortina

meja
mesa

kursı
silla

kursı goyang
mecedora

kursı malas
sillón

buku

libro

selimut

frazada

dekorasi

decoración

kayu bakar

leña

filem

película

hi-fi

equipo de música

kunci

llave

koran

diario

lukisan

pintura

poster

póster

radio

radio

buku tulis

cuaderno

penyedot debu

aspiradora

kaktus

cactus

lilin

vela

dapur
cocina

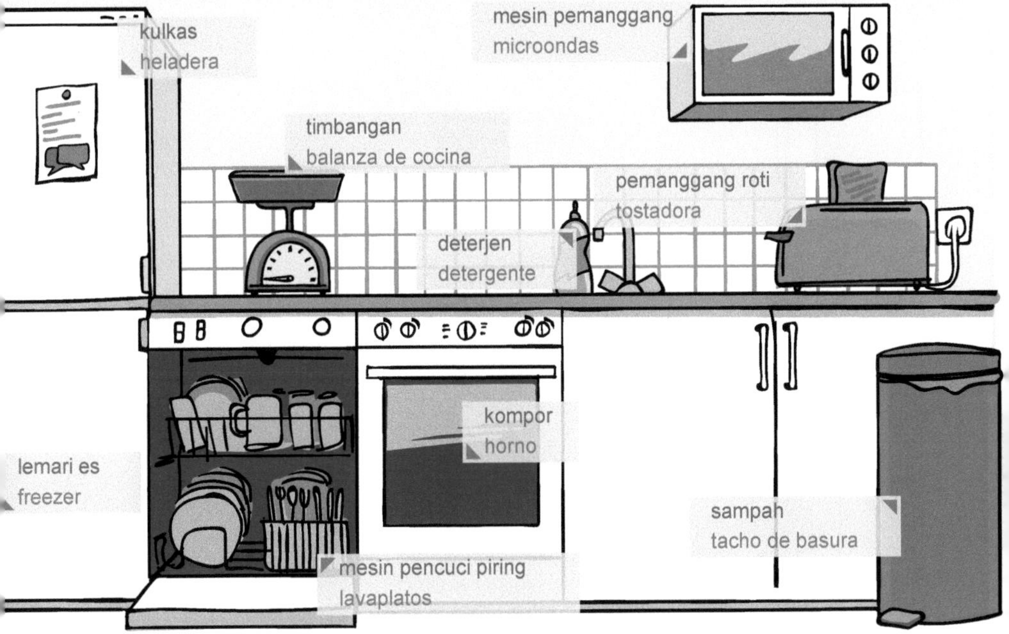
kulkas
heladera
mesin pemanggang
microondas
timbangan
balanza de cocina
pemanggang roti
tostadora
deterjen
detergente
kompor
horno
lemari es
freezer
sampah
tacho de basura
mesin pencuci piring
lavaplatos

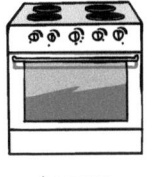

kompor

cocina

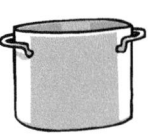

panci

olla

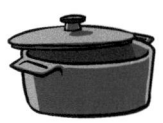

panci besi

olla de hierro fundido

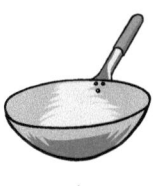

wajan

wok

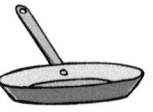

panci

sartén

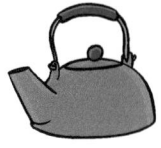

pemanas air

pava

panci pengukus makanan

vaporera

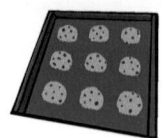

nampan

bandeja de horno

piring

vajilla

cangkir

taza

mangkok

bol

sumpit

palitos

sendok sup

cucharón

sudip

estpátula

mengocok

batidora

saringan

colador

saringan

colador

parutan

rallador

mortir

mortero

barbeque

parrilla

api terbuka

fogata

papan memotong

tabla de picar

gilingan

palo de amasar

alat pembuka botol

sacacorchos

kaleng

lata

pembuka kaleng

abrelatas

pegangan panci

manopla

wastafel

pileta

sikat

cepillo

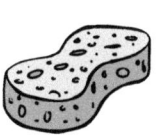

busa

esponja

mesin pencampur

batidora

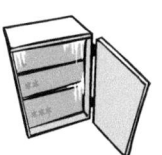

lemari es

congelador

botol bayi

mamadera

keran

canilla

kamar mandi

baño

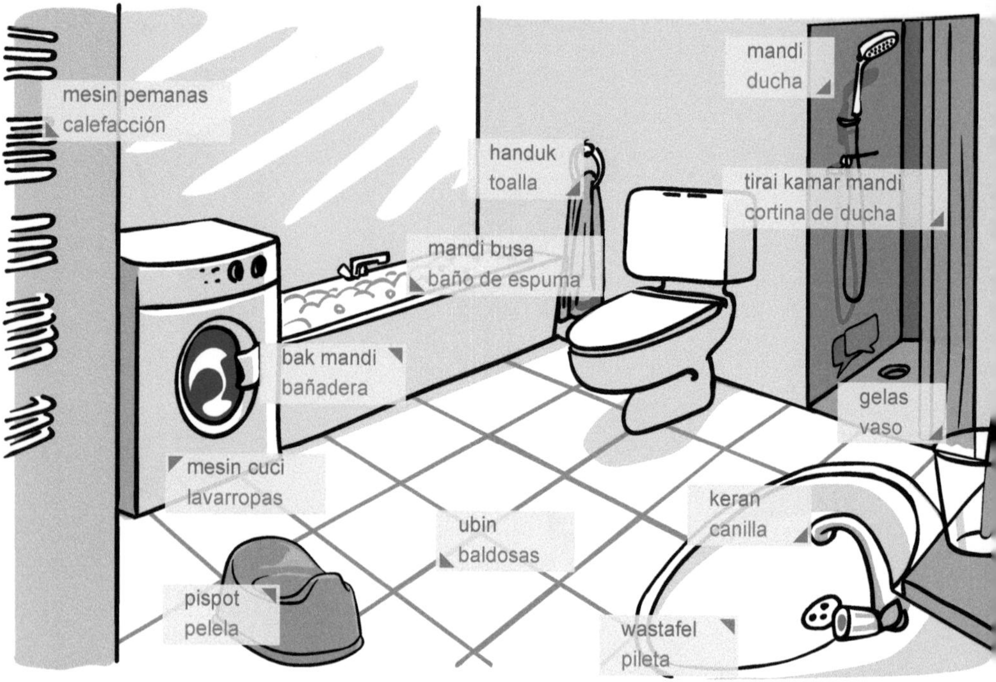

mesin pemanas
calefacción
mandi
ducha
handuk
toalla
tirai kamar mandi
cortina de ducha
mandi busa
baño de espuma
bak mandi
bañadera
gelas
vaso
mesin cuci
lavarropas
keran
canilla
ubin
baldosas
pispot
pelela
wastafel
pileta

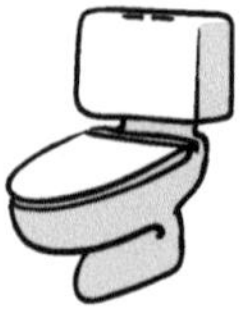

toilet

inodoro

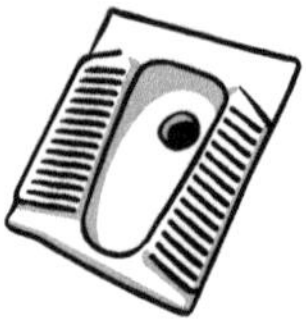

toilet jongkok

letrina

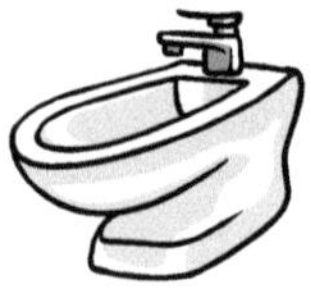

bidet

bidé

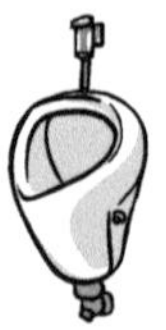

pissoir

mingitorio

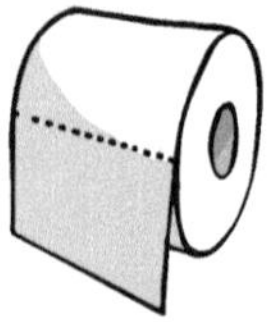

kertas toilet

papel higiénico

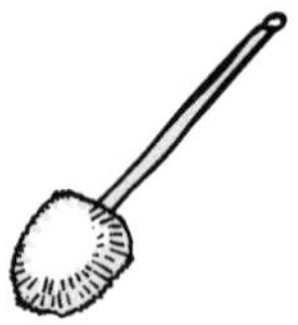

sikat toilet

cepillo para el inodoro

sikat gigi

cepillo de dientes

pasta gigi

dentífrico

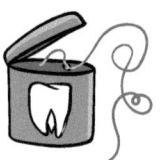

benang gigi

hilo dental

menyuci

lavar

pancuran tangan

ducha de mano

pancuran

ducha higiénica

bak

palangana

sikat punggung

cepillo para espalda

sabun

jabón

gel mandi

gel de ducha

sampo

shampoo

planel

toallita

kuras

desagüe

krim

crema

deodoran

desodorante

kaca

espejo

cermin tangan

espejito

pisau cukur

maquinita de afeitar

busa cukur

espuma de afeitar

aftershave

aftershave

sisir

peine

sikat

cepillo

alat pengering rambut

secador de pelo

semprot rambut

spray

makeup

maquillaje

lipstik

lápiz de labios

cat kuku

esmalte para uñas

kapas

algodón

gunting kuku

tijera para uñas

minyak wangi

perfume

kantong pencuci

portacosméticos

bangku

banqueta

timbangan

balanza

mantel mandi

bata

sarung tangan karet

guantes de goma

tampon

tampón

handuk pembalut

toallita femenina

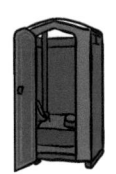

toilet kimia

baño químico

kamar anak

cuarto de los chicos

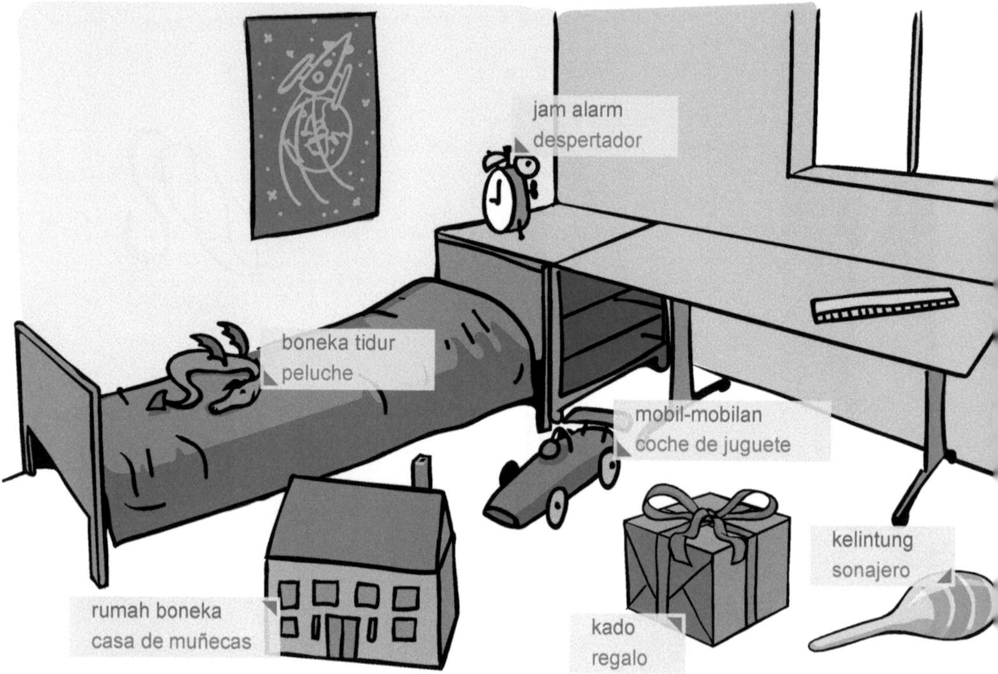

jam alarm
despertador
boneka tidur
peluche
mobil-mobilan
coche de juguete
kelintung
sonajero
rumah boneka
casa de muñecas
kado
regalo

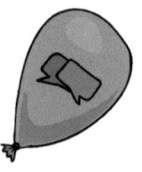

balon

globo

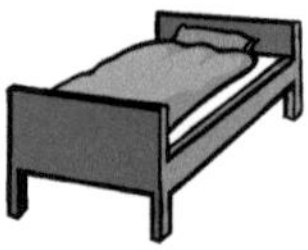

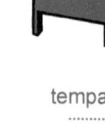

tempat tidur

cama

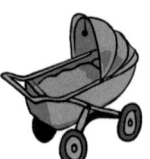

kereta bayi

cochecito

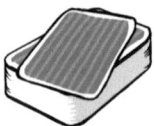

mainan kartu

cartas

teka-teki

rompecabezas

SUPER
MEGA

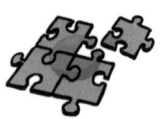

komik

historieta

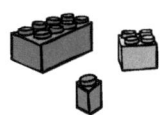

mainan lego

piezas de lego

blok mainan

ladrillos de juguete

figur aksi

figura de acción

baju monyet

enterito (de bebé)

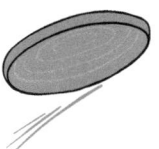

frisbee

frisbee

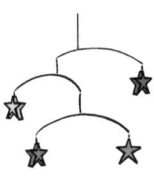

mobile

móvil para bebés

permainan papan

juego de mesa

dadu

dados

set model kreta api

tren eléctrico

dot

chupete

pesta

fiesta

buku gambar

libro de cuentos ilustrado

bola

pelota

boneka

muñeca

bermain

jugar

tempat main pasir

arenero

ayunan

hamaca

mainan

juguetes

video game konsol

consola de videojuegos

sepeda roda tiga

triciclo

teddy

osito de peluche

lemari pakaian

armario

pakaian

ropa

kaos kaki

medias

kaos kaki

medias panty

baju ketat

calzas

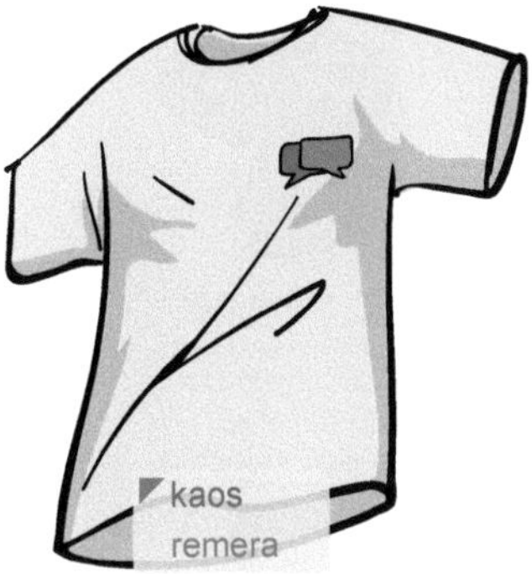

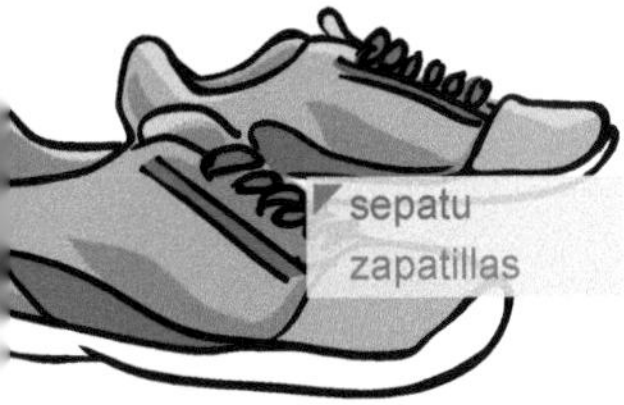

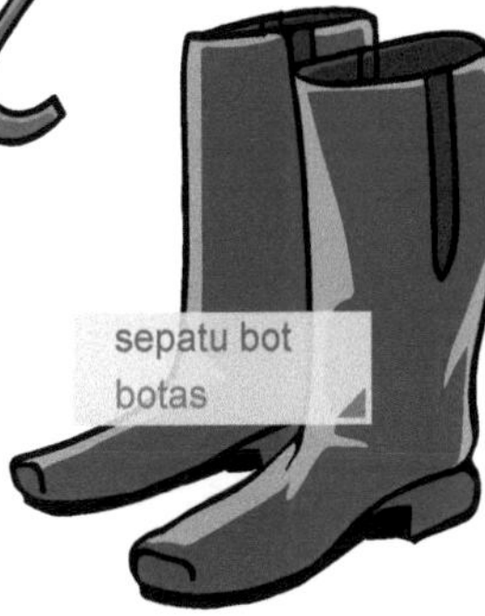

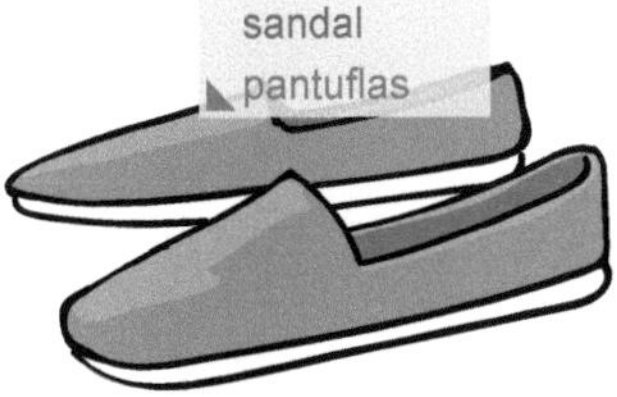

syal
bufanda

sabuk
cinturón

payung
paraguas

kaos
remera

sepatu bot
botas

sandal
pantuflas

sepatu
zapatillas

sandal
sandalias

sepatu
zapatos

sepatu bot karet
botas de goma

celana dalam
ropa interior

BH
corpiño

baju rompi
chaleco

body

body

celana

pantalones

jeans

jeans

rok

pollera

blus

blusa

kemeja

camisa

aket berkerudung

pulóver

sweater

buzo

jaket

blazer

jaket

campera

mantel

tapado

jas hujan

piloto

kostum

traje

gaun

vestido

gaun pengantin

vestido de novia

setelan resmi

traje

gaun tidur

camisón

piyama

pijama

sari

sari

jilbab

pañuelo para cabeza

turban

turbante

burka

burka

kaftan

caftán

abaya

abaya

pakaian renang

traje de baño

celana renang

short de baño

celana pendek

shorts

olah raga

jogging

celemek

delantal

sarung tangan

guantes

kancing
botón

kacamata
anteojos

gelang
pulsera

kalung
collar

cincin
anillo

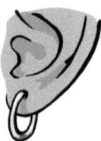

anting
aro

topi
gorra

gantungan mantel
percha

topi
sombrero

dasi
corbata

ritsleting
cierre

helm
casco

tali selempang
tiradores

seragam sekolah
uniforme escolar

seragam
uniforme

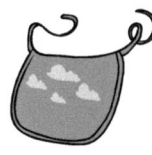

oto

babero

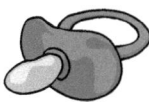

dot

chupete

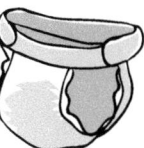

popok

pañal

kantor
oficina

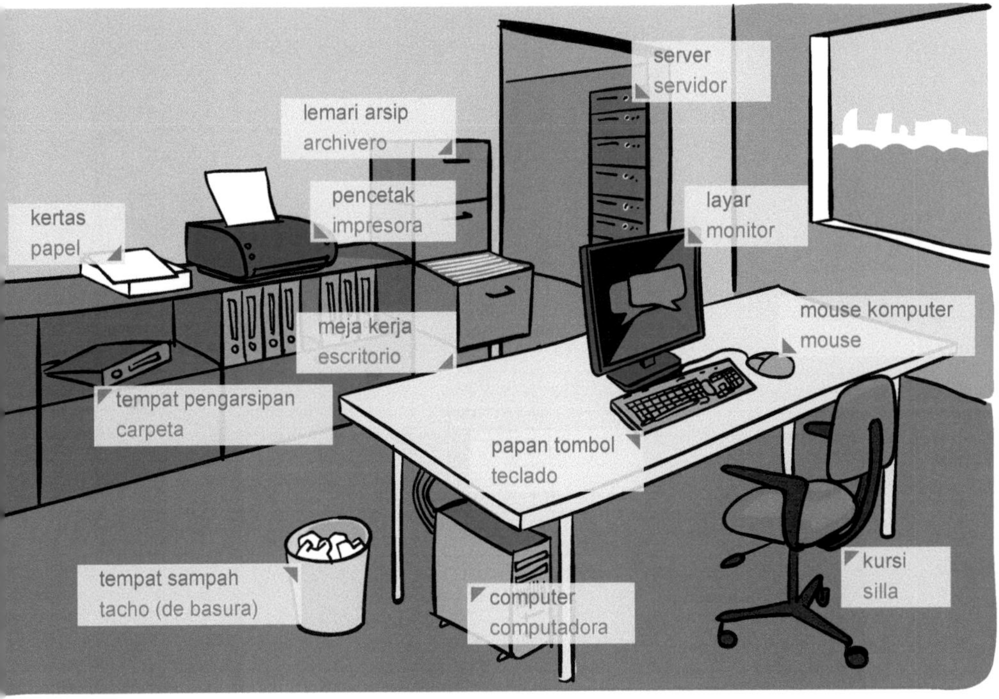
server
servidor
lemari arsip
archivero
pencetak
impresora
kertas
papel
layar
monitor
mouse komputer
mouse
meja kerja
escritorio
tempat pengarsipan
carpeta
papan tombol
teclado
tempat sampah
tacho (de basura)
computer
computadora
kursi
silla

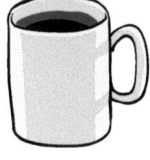

cangkir kopi

taza de café

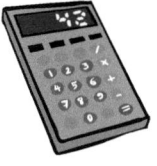

kalkulator

calculadora

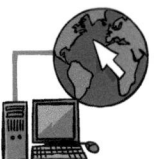

internet

internet

laptop

laptop

surat

carta

pesan

mensaje

telepon seluler

celular

jaringan

red

fotokopi

fotocopiadora

software

software

telepon

teléfono

plug soket

tomacorriente

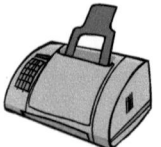

mesin fax

fax

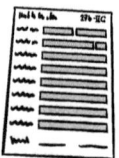

formulir

formulario

dokumen

documento

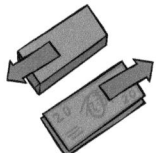

membeli

comprar

membayar

pagar

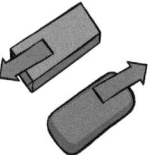

berdagang

hacer negocios

uang

dinero

Dollar

dólar

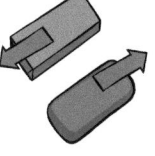

Euro

euro

Yen

yen

Rubel

rublo

Franc Swiss

franco suizo

Renminbi Yuan

yuan

Rupiah

rupia

ATM

cajero automático

kantor pertukaran mata uang
....
casa de cambio

emas
....
oro

perak
....
plata

minyak
....
petróleo

energi
....
energía

harga
....
precio

kontrak
....
contrato

pajak
....
impuesto

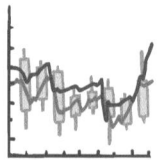

saham
....
acción

bekerja
....
trabajar

karyawan
....
empleado

majikan
....
empleador

pabrik
....
fábrica

toko
....
negocio

pekerjaan
ocupaciones

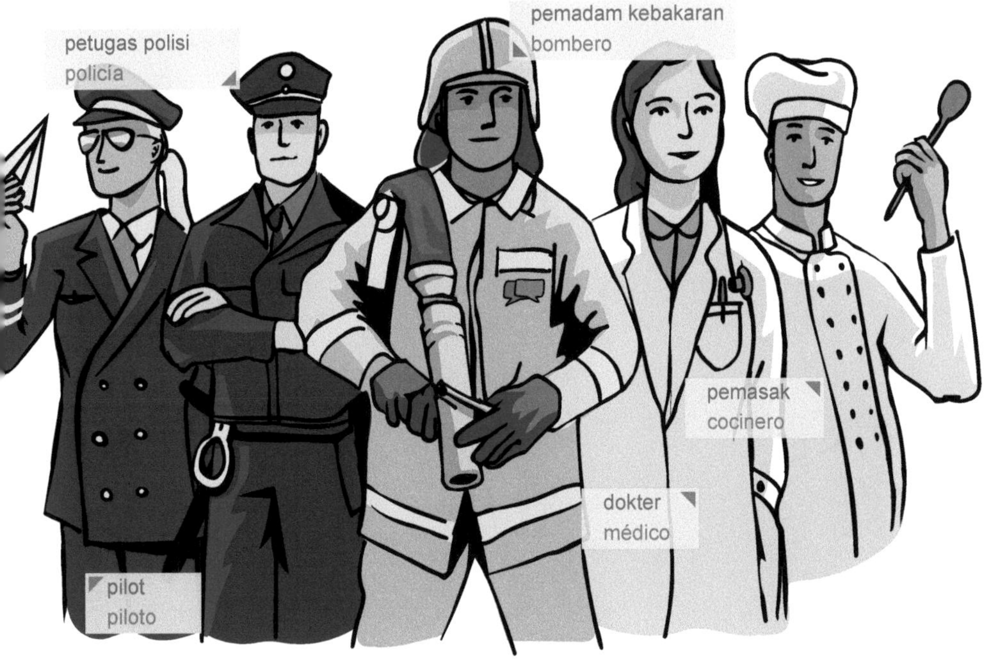
pemadam kebakaran
bombero
petugas polisi
policía
pemasak
cocinero
dokter
médico
pilot
piloto

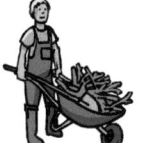

tukan kebun

jardinero

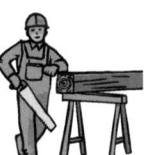

tukang kayu

carpintero

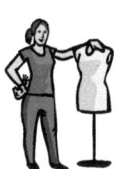

penjahit wanita

modista

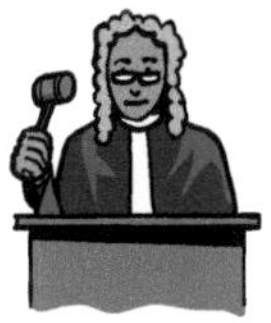

hakim

juez

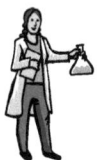

ahli kimia

farmacéutico

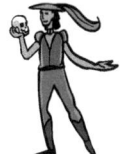

aktor

actor

sopir bis

colectivero

sopir taksi

taxista

nelayan

pescador

pembantu

mucama

tukang atap

techista

pelayan

mozo

pemburu

cazador

pelukis

pintor

tukang roti

panadero

tukang listrik

electricista

pembangun

albañil

insinyur

ingeniero

tukang daging

carnicero

tukang ledeng

plomero

tukang pos

cartero

tentara

soldado

arsitek

arquitecto

kasir

cajero

penjual bunga

florista

penata rambut

peluquero

konduktor

cobrador

montir

mecánico

kapten

capitán

dokter gigi

dentista

ilmuwan

científico

rabbi

rabino

imam

imán

biarawan

monjc

pendeta

sacerdote

alat

herramientas

palu
martillo
tang
tenaza
obeng
destornillador
kunci
llave
obor
linterna

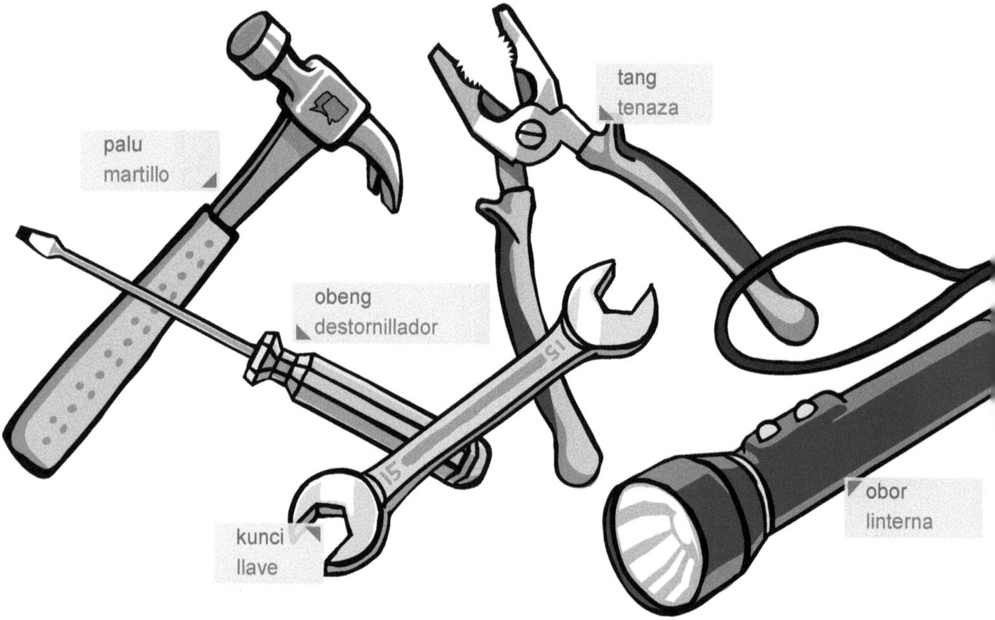

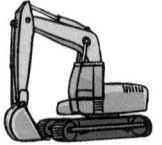

penggali

excavadora

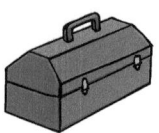

tas perkakas

caja de herramientas

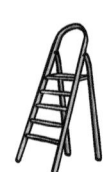

tangga

escalera portátil

gergaji

sierra

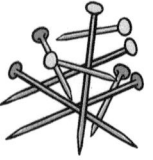

paku

clavos

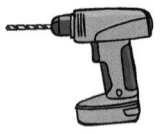

bor

taladro

perbaikan
arreglar

sekop
pala de jardín

Sialan!
¡Qué bronca!

cikrak
pala de plástico

pot cat
tacho de pintura

sekrup
tornillos

alat musik

instrumentos musicales

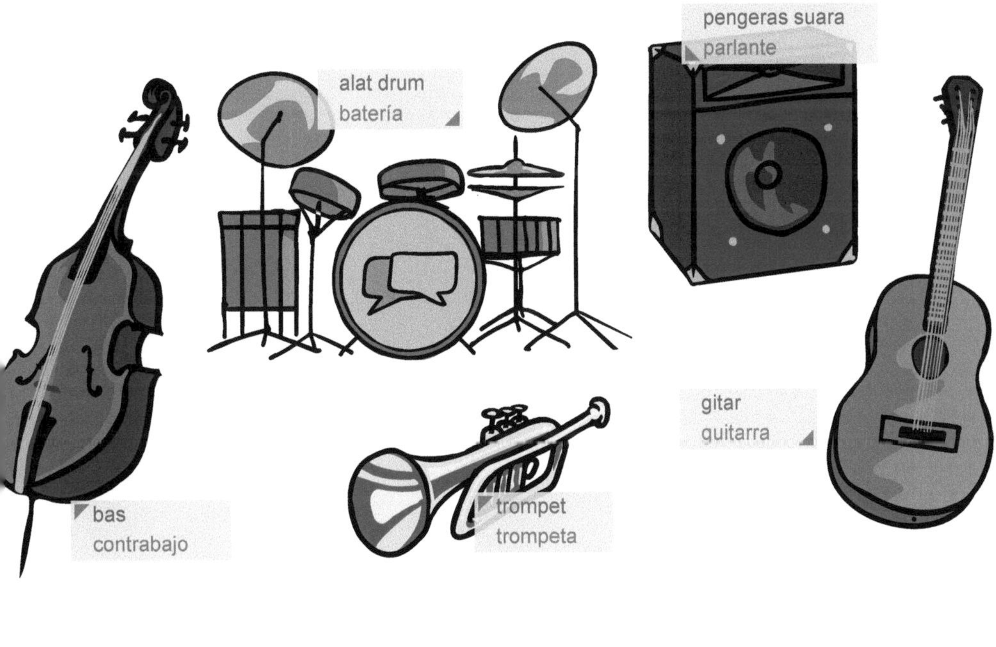

pengeras suara
parlante

alat drum
batería

gitar
guitarra

bas
contrabajo

trompet
trompeta

piano
piano

violin
violín

bass
bajo

tambur
timbales

drum
tambor

keyboard
teclado

saksofon
saxofón

suling
flauta

mikrofon
micrófono

kebun binatang
zoológico

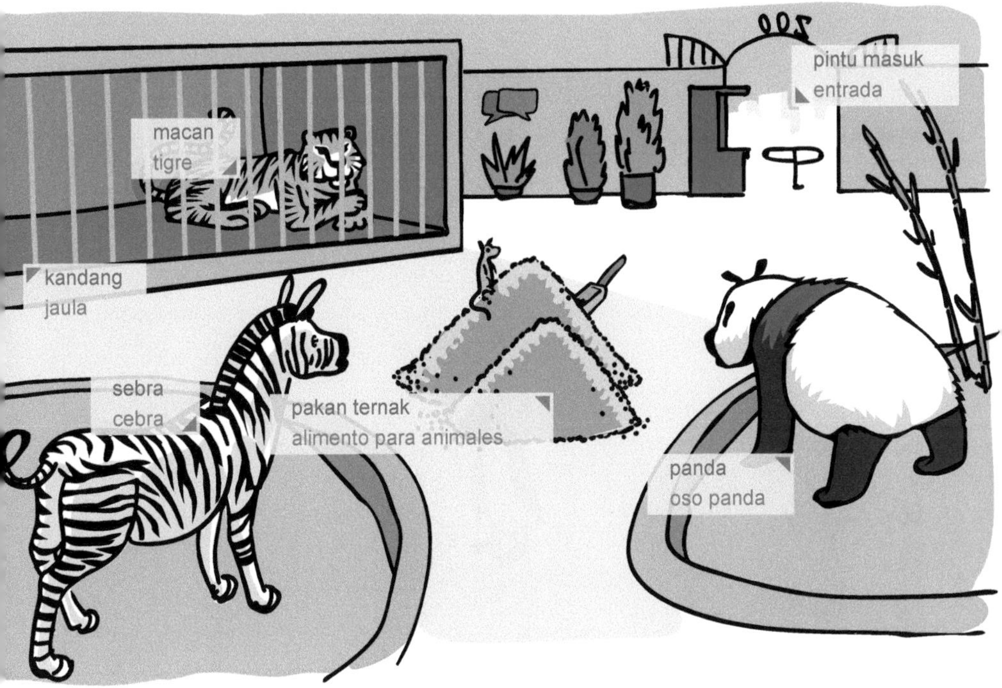
pintu masuk
entrada
macan
tigre
kandang
jaula
sebra
cebra
pakan ternak
alimento para animales
panda
oso panda

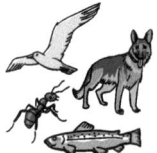

hewan
animales

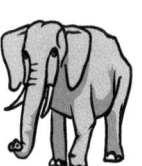

gajah
elefante

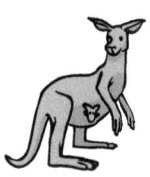

kanguru
canguro

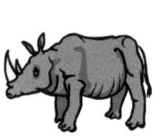

badak
rinoceronte

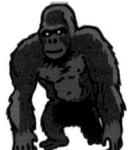

gorila
gorila

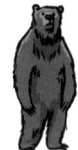

beruang
oso

unta

camello

burung unta

avestruz

singa

león

monyet

mono

flamingo

flamenco

burung beo

loro

beruang polar

oso polar

penguin

pingüino

hiu

tiburón

merak

pavo real

ular

serpiente

buaya

cocodrilo

penjaga kebun binatang

cuidador del zoológico

segel

foca

jaguar

jaguar

kuda poni

poni

macan tutul

leopardo

kuda nil

hipopótamo

jerapah

jirafa

burung elang

águila

babi jantan

jabalí

ikan

pescado

kura-kura

tortuga

anjing laut

morsa

rubah

zorro

kijang

gacela

american football
fútbol americano

naik sepeda
ciclismo

tennis
tenis

basketbal
básquet

bernang
natación

tinju
boxeo

hoki es
hockey sobre hielo

sepak bola
....
fútbol

badminton
....
bádminton

atletik
....
atletismo

bola tangan
....
handball

main ski
....
esquí

polo
....
polo

aktivitas
actividades

meloncat
saltar
memeluk
abrazar
ketawa
reír
berjalan
caminar
menyanyi
cantar
mengimpi
soñar
berdoa
rezar
mencium
besar

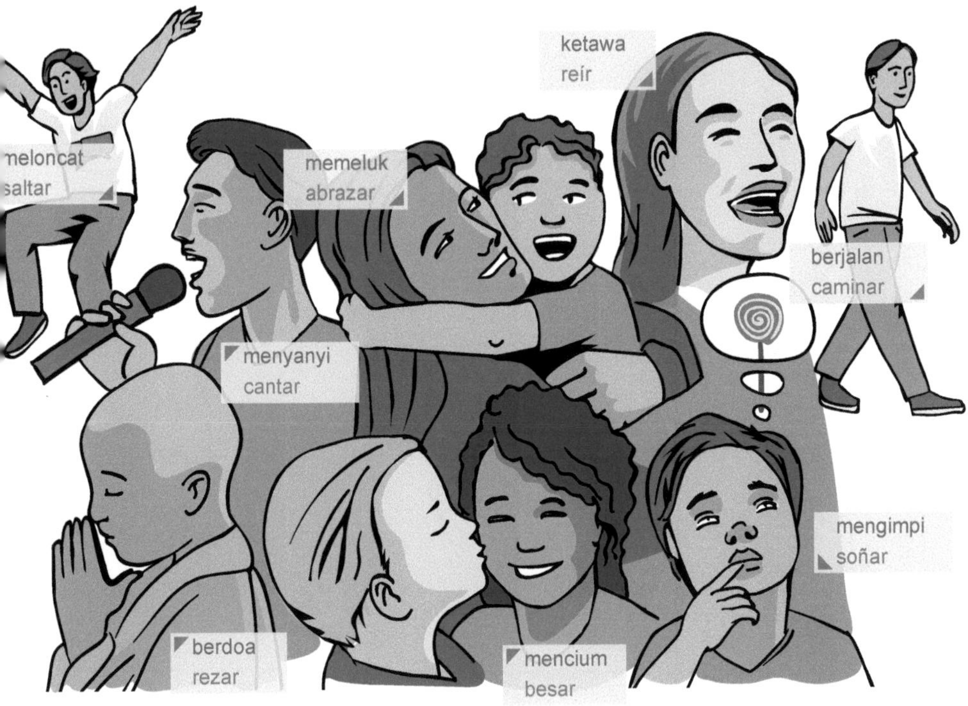

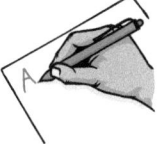

menulis

escribir

melukis

dibujar

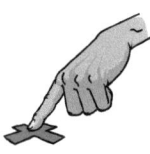

menunjuk

mostrar

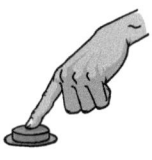

mendorong

presionar

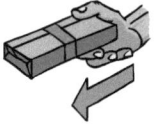

memberikan

dar

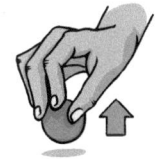

mengambil

tomar

mempunyai

tener

melakukan

hacer

adalah

ser

berdiri

estar parado

berlari

correr

menarik

tirar

melempar

tirar

jatuh

caer

tidur

estar acostado

menunggu

esperar

membawa

llevar

duduk

estar sentado

berpakaian

vestirse

tidur

dormir

bangun

despertar

melihat

mirar

menangis

llorar

mengelus

acariciar

menyisir

peinar

berbicara

hablar

mengerti

entender

menanyak

preguntar

mendengar

escuchar

minum

beber

makan

comer

merapikan

ordenar

cinta

amar

memasak

cocinar

menyetir

manejar

terbang

volar

berlayar

navegar

menghitung

calcular

membaca

leer

belajar

aprender

bekerja

trabajar

menikah

casarse

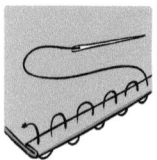

menjahit

coser

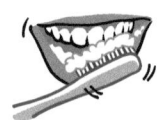

sikat gigi

cepillarse los dientes

membunuh

matar

merokok

fumar

kirim

enviar

keluarga
familia

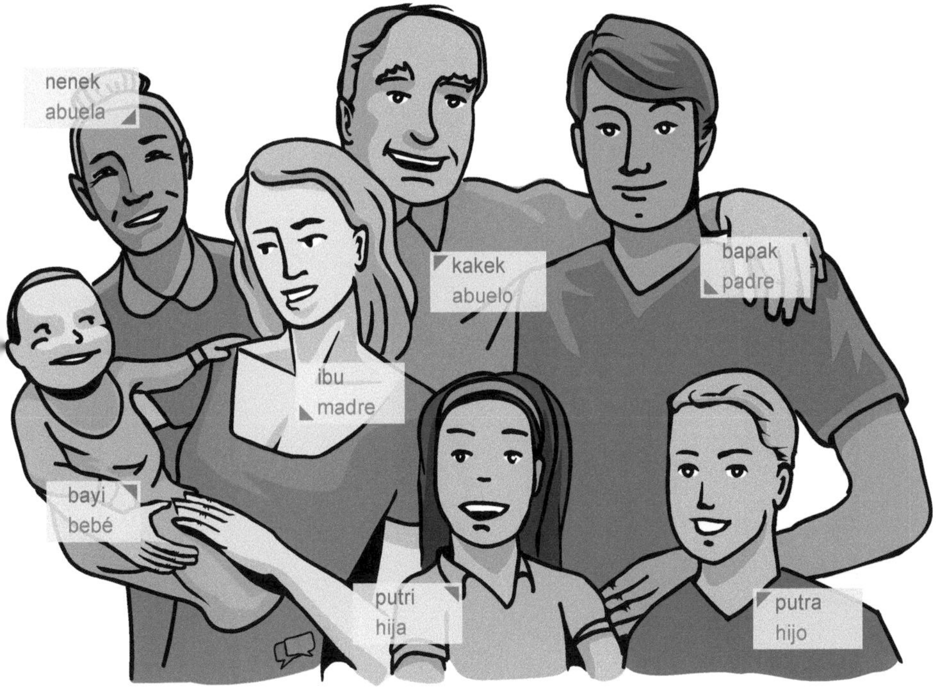
nenek
abuela
kakek
abuelo
bapak
padre
ibu
madre
bayi
bebé
putri
hija
putra
hijo

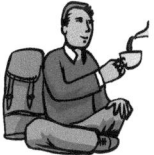

tamu

invitado

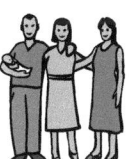

bibi

tía

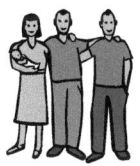

paman

tío

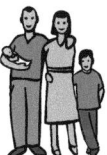

kakak laki

hermano

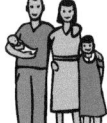

kakak perempuan

hermana

badan

cuerpo

dahi
frente
mata
ojo
bahu
hombro
jari
dedo
muka
cara
dagu
pera
tangan
mano
kaki
pierna
payudara
pecho
lengan
brazo

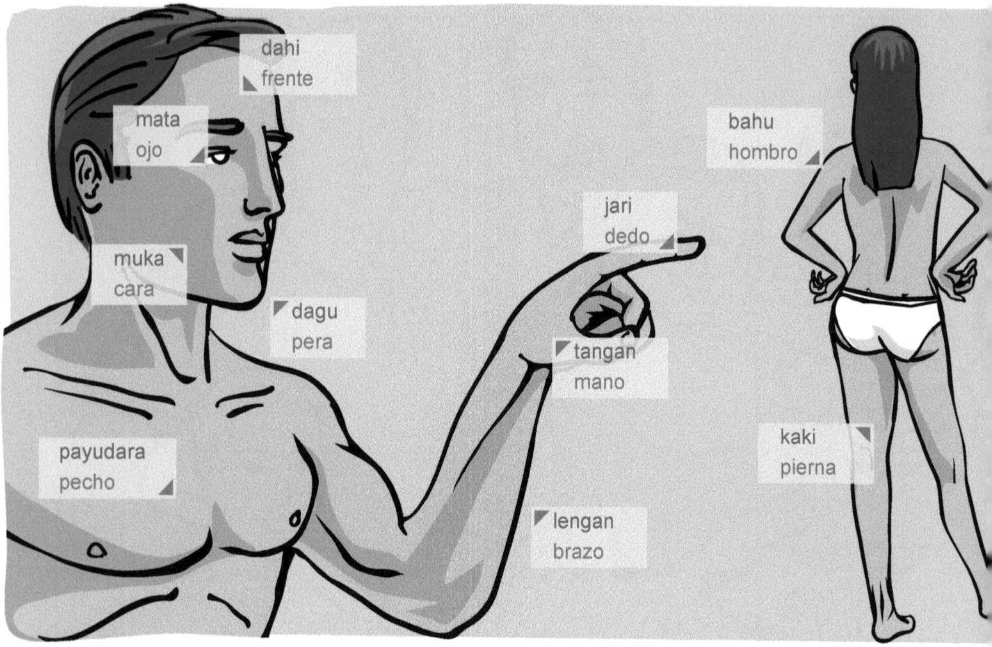

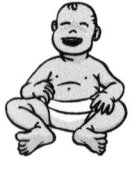

bayi

bebé

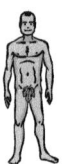

pria

hombre

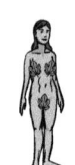

wanita

mujer

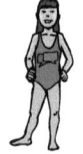

perempuan

nena

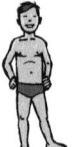

laki

nene

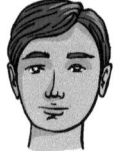

kepala

cabeza

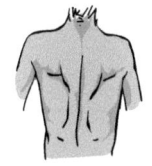

punggung

espalda

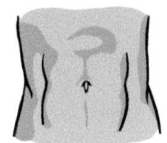

perut

panza

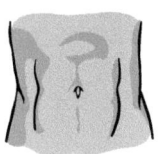

pusar

ombligo

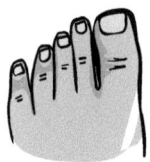

toe

dedo del pie

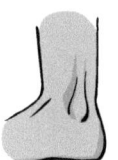

tumit

talón

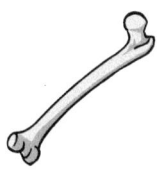

tulang

hueso

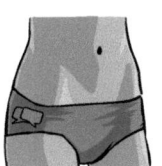

pinggang

cadera

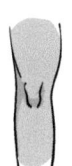

lutut

rodilla

siku

codo

hidung

nariz

pantat

cola

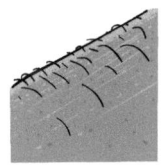

kulit

piel

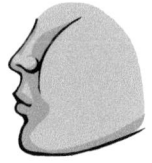

pipi

cachete

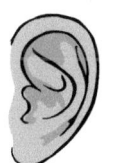

telinga

oreja

bibir

labio

mulut

boca

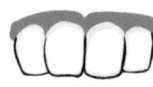

gigi

diente

lidah

lengua

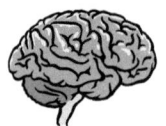

otak

cerebro

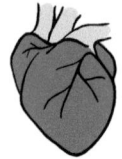

jantung

corazón

otot

músculo

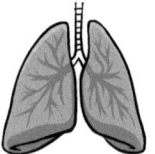

paru-paru

pulmón

hati

hígado

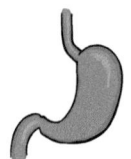

stomach

estómago

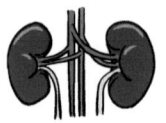

ginjal

riñones

hubungan seks

sexo

kondom

preservativo

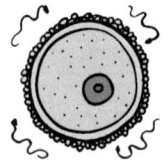

sel telur

óvulo

sperma

semen

kehamilan

embarazo

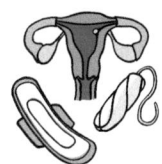

menstruasi

menstruación

vagina

vagina

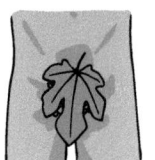

penis

pene

alis

ceja

rambut

pelo

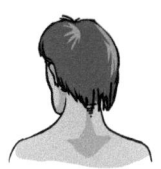

leher

cuello

rumah sakit
hospital

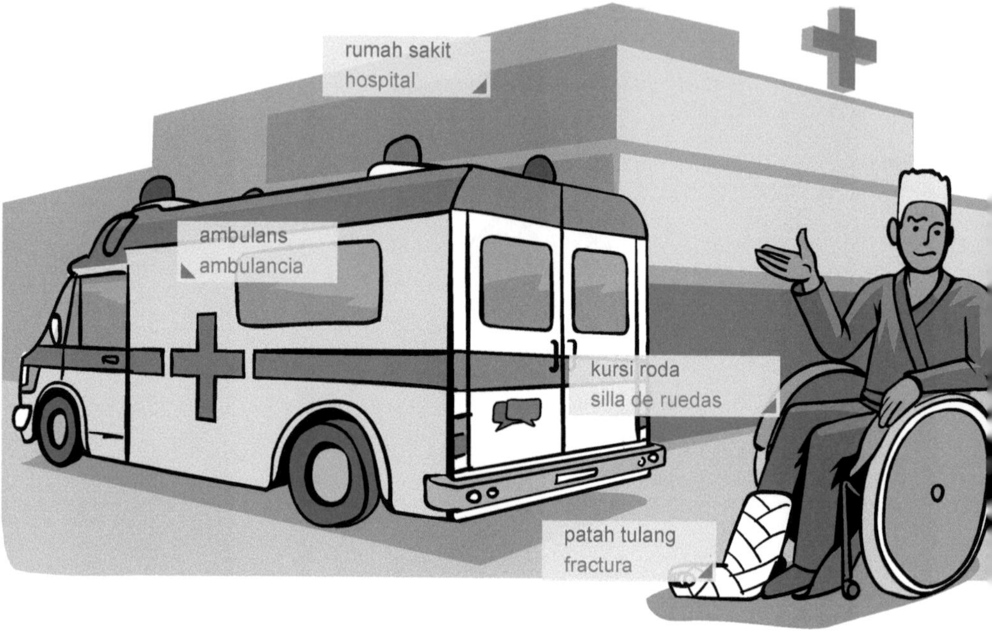

rumah sakit
hospital
ambulans
ambulancia
kursi roda
silla de ruedas
patah tulang
fractura

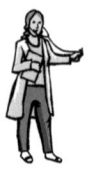

dokter

médico

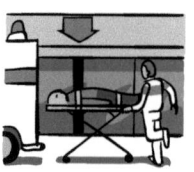

ruang darurat

sala de guardia

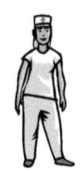

perawat

enfermera

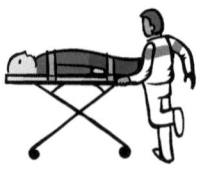

darurat

emergencia

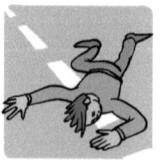

semaput

inconsciente

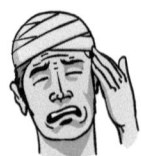

sakit

dolor

cedera

lesión

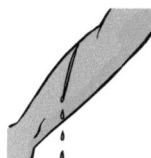

perdarahan

hemorragia

serangan jantung

infarto

stroke

ACV

alergi

alergia

batuk

tos

demam

fiebre

flu

gripe

diare

diarrea

sakit kepala

dolor de cabeza

kanker

cáncer

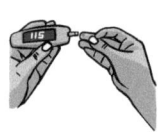

diabetes

diabetes

ahli bedah

cirujano

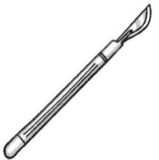

pisau bedah

bisturí

operasi

operación

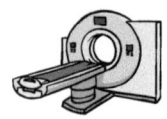

CT
TC

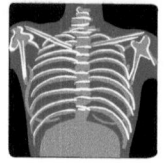

sinar x
rayos x

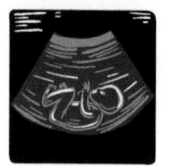

usg
ecografía

topeng
barbijo

penyakit
enfermedad

ruang tunggu
sala de espera

penyokong
muleta

plester
curita

perban
venda

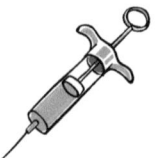

injeksi
inyección

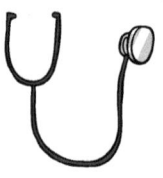

stetoskop
estetoscopio

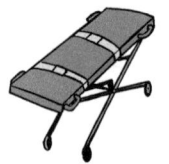

usungan
camilla

termometer klinis
termómetro

kelahiran
nacimiento

kelebihan berat badan
sobrepeso

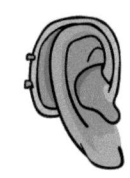

alat pendengar

audífono

desinfektan

desinfectante

infeksi

infección

virus

virus

HIV / AIDS

VIH / SIDA

obat

remedio

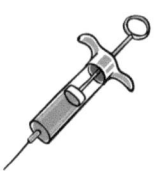

vaksinasi

vacunación

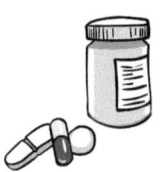

tablet

comprimidos

pil

pastilla anticonceptiva

panggilan darurat

llamada de emergencia

ukur tekanan darah

tensiómetro

sakit / sehat

enfermo / sano

Tolong!

¡Ayuda!

alarm

alarma

penyerbuan

agresión

serangan

ataque

bahaya

peligro

pintu darurat

salida de emergencia

Api!

¡Fuego!

alat pemadam kebakaran

matafuego

kecelakaan

accidente

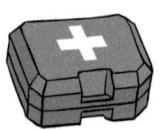

kit pertolongan pertama

botiquín de primeros auxilios

SOS

SOS

polisi

policía

Eropa

Europa

Amerika Utara

América del Norte

Amerika Selatan

América del Sur

Afrika

África

Asia

Asia

Australi

Australia

Atlantik

Atlántico

Pasifik

Pacífico

Samudra India

Océano Índico

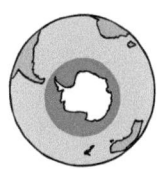

Samudra Antartika

Océano Antártico

Samudra Arktik

Océano Ártico

kutub utara

polo norte

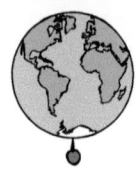

kutub selatan

polo sur

Antarktika

Antártida

bumi

Tierra

tanah

tierra

laut

mar

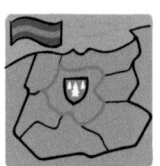

pulau

isla

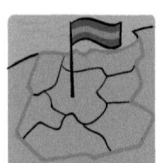

bangsa

nación

negara

estado

jam wajah

esfera

jarum pendek

manecilla de las horas

jarum menit

minutero

jarum detik

segundero

Jam berapa?

¿Qué hora es?

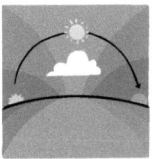

hari

día

waktu

hora

sekarang

ahora

jam digital

reloj digital

menit

minuto

jam

hora

minggu

semana

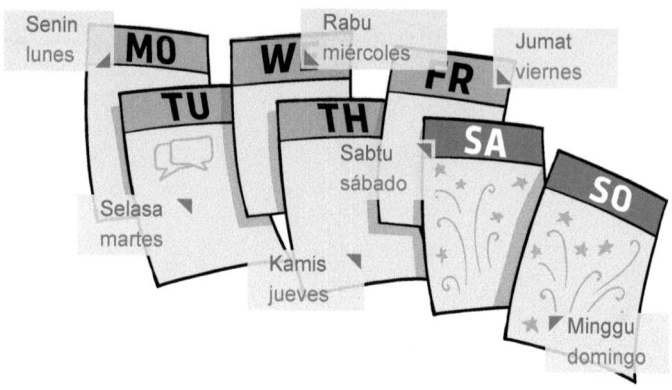

Senin / lunes — MO
Selasa / martes — TU
Rabu / miércoles — W
Kamis / jueves — TH
Jumat / viernes — FR
Sabtu / sábado — SA
Minggu / domingo — SO

kemaren

ayer

hari ini

hoy

besok

mañana

pagi

mañana

siang

mediodía

malam

tarde

hari kerja

días hábiles

akhir minggu

fin de semana

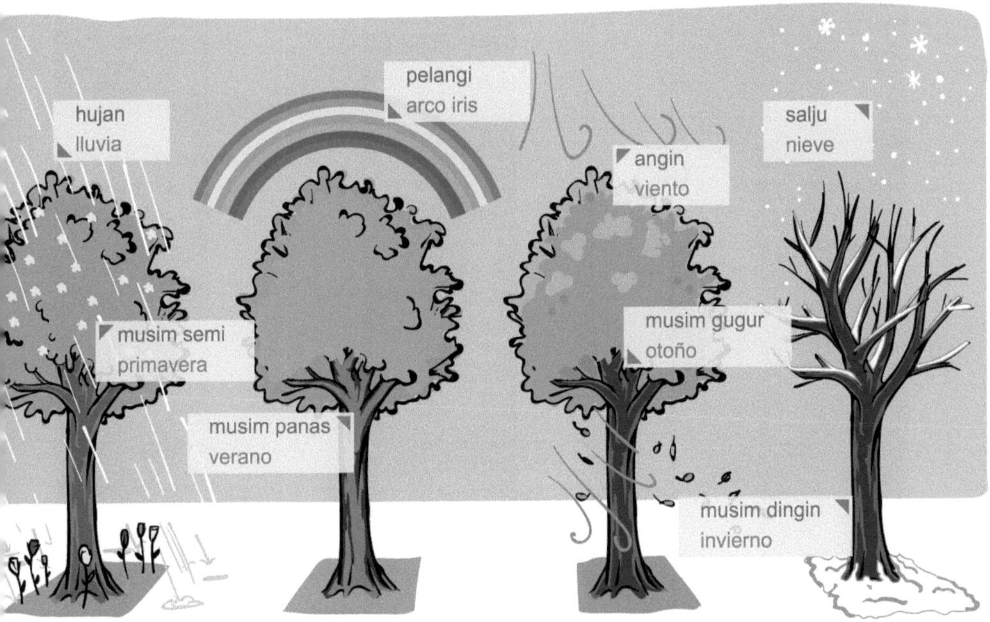

hujan
lluvia

pelangi
arco iris

angin
viento

salju
nieve

musim semi
primavera

musim gugur
otoño

musim panas
verano

musim dingin
invierno

4.APRIL	11°	☀
5.APRIL	4°	☔
6.APRIL	13°	☔
7.APRIL	8°	☀
8.APRIL	10°	☀

ramalan cuaca

onóstico meteorológico

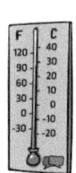

termometer

termómetro

matahari

luz del sol

awan

nube

kabut

niebla

kelembahan

humedad

kilat

rayo

guntur

trueno

badai

tormenta

hujan es

granizo

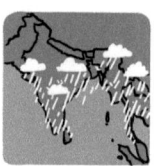

monsun

monzón

banjir

inundación

es

hielo

Januari

enero

Februari

febrero

Maret

marzo

April

abril

Mei

mayo

Juni

junio

Juli

julio

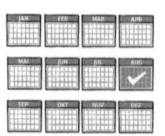

Agustus

agosto

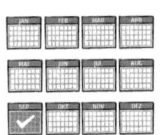

September
....
septiembre

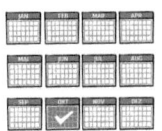

Oktober
....
octubre

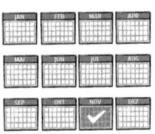

November
....
noviembre

Desember
....
diciembre

bentuk
formas

lingkaran
....
círculo

persegi
....
cuadrado

persegi panjang
....
rectángulo

segi tiga
....
triángulo

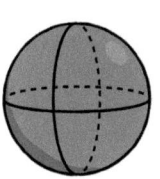

bola
....
esfera

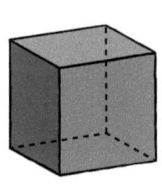

kubus
....
cubo

warna-warna

colores

putih
....
blanco

kuning
....
amarillo

oranye
....
naranja

pink
....
rosa

merah
....
rojo

ungu
....
violeta

biru
....
azul

hijau
....
verde

coklat
....
marrón

abu-abu
....
gris

hitam
....
negro

banyak / sedikit

mucho / poco

marah / tenang

enojado / tranquilo

cantik / jelek

lindo / feo

mulaih / selesai

principio / fin

besar / kecil

grande / chico

terang / gelap

claro / oscuro

udara laki-laki / saudara perempuan

hermano / hermana

bersih / kotor

limpio / sucio

lengkap / tidak lengkap

completo / incompleto

hari / malam

día / noche

mati / hidup

muerto / vivo

luas / sempit

ancho / angosto

dapat dimakan / tidak dapat dimakan

comestible / no comestible

jahat / baik

malo / amable

bersemangat / bosan

entusiasmado / aburrido

gemuk / kurus

gordo / flaco

pertama / terakhir

primero / último

teman / musuh

amigo / enemigo

penuh / kosong

lleno / vacío

keras / lembut

duro / blando

berat / enteng

pesado / liviano

lapar / haus

hambre / sed

sakit / sehat

enfermo / sano

ilegal / legal

ilegal / legal

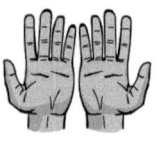

cerdas / bodoh

inteligente / estúpido

kiri / kanan

izquierda / derecha

dekat / jauh

cerca / lejos

baru / bekas
nuevo / usado

tidak ada apapun / sesuatu
nada / algo

tua / muda
viejo / joven

nyala / mati
encendido / apagado

buka / tutup
abierto / cerrado

tenang / keras
silencioso / ruidoso

kaya / miskin
rico / pobre

benar / salah
correcto / incorrecto

kasar / halus
áspero / suave

sedih / gembira
triste / contento

pendek / panjang
corto / largo

pelan-pelan / cepat
lento / rápido

basah / kering
mojado / seco

hangat / sejuk
caliente / frío

perang / damai
guerra / paz

0

nol

cero

1

satu

uno

2

dua

dos

3

tiga

tres

4

empat

cuatro

5

lima

cinco

6

enam

seis

7

tujuh

siete

8

delapan

ocho

9

sembilan

nueve

10

sepuluh

diez

11

sebelas

once

12

duabelas

doce

13

tigabelas

trece

14

empatbelas

catorce

15

limabelas

quince

16

enambelas

dieciséis

17

tujuhbelas

diecisiete

18

delapanbelas

dieciocho

19

sembilanbelas

diecinueve

20

duapuluh

veinte

100

seratus

cien

1.000

seribu

mil

1.000.000

juta

millón

Inggris

inglés

bahasa Inggris Amerika

inglés americano

bahasa Cina Mandarin

chino mandarín

bahasa Hindi

hindi

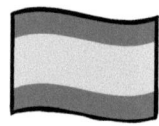

bahasa Spanyol

español

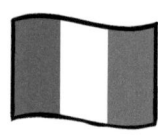

bahasa Perancis

francés

bahasa Arab

árabe

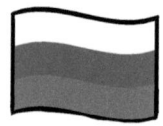

bahasa Rusia

ruso

bahasa Portugis

portugués

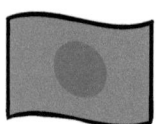

bahasa Bengal

bengalí

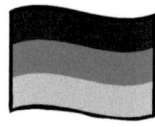

bahasa Jerman

alemán

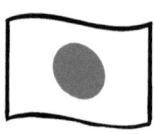

bahasa Jepang

japonés

saya

yo

kamu

vos

dia

él / ella

kita

nosotros

kalian

ustedes

mereka

ellos

siapa?

¿quién?

apa?

¿qué?

begaimana?

¿cómo?

dimana?

¿dónde?

kapan?

¿cuándo?

nama

nombre

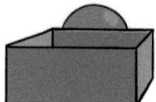

dibelakang

detrás

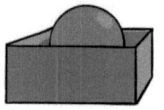

di

en

didepan

adelante de

diatas

por encima de

diatas

sobre

dibawah

debajo de

sebelah

al lado de

di antara

entre

tempat

lugar